新时代爱国主义教育实施纲要
新时代公民道德建设实施纲要

法 律 出 版 社

图书在版编目(CIP)数据

新时代爱国主义教育实施纲要·新时代公民道德建设实施纲要. -- 北京：法律出版社，2019
ISBN 978-7-5197-4095-5

Ⅰ. ①新… Ⅱ. Ⅲ. ①爱国主义教育-文件-中国②公民教育-社会公德教育-文件-中国 Ⅳ. ①D647 ②D648.3

中国版本图书馆 CIP 数据核字(2019)第 255294 号

新时代爱国主义教育实施纲要·新时代公民道德建设实施纲要
XINSHIDAI AIGUO ZHUYI JIAOYU SHISHI GANGYAO·
XINSHIDAI GONGMIN DAODE JIANSHE SHISHI GANGYAO

出版 法律出版社
总发行 中国法律图书有限公司
经销 新华书店
印刷 固安华明印业有限公司
责任印制 吕亚莉
编辑统筹 法规出版分社
开本 850 毫米×1168 毫米 1/32
印张 2 **字数** 30 千
版本 2019 年 12 月第 1 版
印次 2019 年 12 月第 1 次印刷

法律出版社／北京市丰台区莲花池西里 7 号(100073)
网址／www.lawpress.com.cn
投稿邮箱／info@lawpress.com.cn
举报维权邮箱／jbwq@lawpress.com.cn
销售热线／400-660-8393
咨询电话／010-63939796

中国法律图书有限公司／北京市丰台区莲花池西里 7 号(100073)
全国各地中法图分、子公司销售电话：
统一销售客服／400-660-8393/6393
第一法律书店／010-83938432/8433
重庆分公司／023-67453036
深圳分公司／0755-83072995
西安分公司／029-85330678
上海分公司／021-62071639/1636

书号：ISBN 978-7-5197-4095-5 **定价**：7.00 元
(如有缺页或倒装，中国法律图书有限公司负责退换)

目　录

中共中央　国务院关于印发《新时代爱国主义教育实施纲要》的通知

各省、自治区、直辖市党委和人民政府，中央和国家机关各部委，解放军各大单位、中央军委机关各部门，各人民团体：

现将《新时代爱国主义教育实施纲要》印发给你们，请结合实际认真贯彻落实。

中共中央
国务院
2019年10月31日

新时代爱国主义教育实施纲要

爱国主义是中华民族的民族心、民族魂，是中华民族最重要的精神财富，是中国人民和中华民族维护民族独立和民族尊严的强大精神动力。爱国主义精神深深植根于中华民族心中，维系着中华大地上各个民族的团结统一，激励着一代又一代中华儿女为祖国发展繁荣而自强不息、不懈奋斗。中国共产党是爱国主义精神最坚定的弘扬者和实践者，90多年来，中国共产党团结带领全国各族人民进行的革命、建设、改革实践是爱国主义的伟大实践，写下了中华民族爱国主义精神的辉煌篇章。党的十八大以来，以习近平同志为核心的党中央高度重视爱国主义教育，固本培元、凝心铸魂，作出一系列重要部署，推动爱国主义教育取得显著成效。当前，中国特色社会主义进入新时代，中华民族伟大复兴正处于关键时期。新时代加强爱国主义教育，对于振奋民族精神、凝聚全民族力量，决胜全面建成小康社会，夺取新时代中国特色社会主义伟大胜利，实现中华民族伟大复兴的中国梦，具有重大而深远的意义。

一、总体要求

1. 指导思想。坚持以马克思列宁主义、毛泽东思想、邓小平理论、“三个代表”重要思想、科学发展观、习近平新时代中国特色社会主义思想为指导，增强“四个意识”，坚定“四个自信”，做到“两个维护”，着眼培养担当民族复兴大任的时代新人，始终高扬爱国主义旗帜，着力培养爱国之情、砥砺强国之志、实践报国之行，使爱国主义成为全体中国人民的坚定信念、精神力量和自觉行动。

2. 坚持把实现中华民族伟大复兴的中国梦作为鲜明主题。伟大事业需要伟大精神，伟大精神铸就伟大梦想。要把国家富强、民族振兴、人民幸福作为不懈追求，着力扎紧全国各族人民团结奋斗的精神纽带，厚植家国情怀，培育精神家园，引导人们坚持中国道路、弘扬中国精神、凝聚中国力量，为实现中华民族伟大复兴的中国梦提供强大精神动力。

3. 坚持爱党爱国爱社会主义相统一。新中国是中国共产党领导的社会主义国家,祖国的命运与党的命运、社会主义的命运密不可分。当代中国,爱国主义的本质就是坚持爱国和爱党、爱社会主义高度统一。要区分层次、区别对象,引导人们深刻认识党的领导是中国特色社会主义最本质特征和最大制度优势,坚持党的领导、坚持走中国特色社会主义道路是实现国家富强的根本保障和必由之路,以坚定的信念、真挚的情感把新时代中国特色社会主义一以贯之进行下去。

4. 坚持以维护祖国统一和民族团结为着力点。国家统一和民族团结是中华民族根本利益所在。要始终不渝坚持民族团结是各族人民的生命线,巩固和发展平等团结互助和谐的社会主义民族关系,引导全国各族人民像爱护自己的眼睛一样珍惜民族团结,维护全国各族人民大团结的政治局面,巩固和发展最广泛的爱国统一战线,不断增强对伟大祖国、中华民族、中华文化、中国共产党、中国特色社会主义的认同,坚决维护国家主权、安全、发展利益,旗帜鲜明反对分裂国家图谋、破坏民族团结的言行,筑牢国家统一、民族团结、社会稳定的铜墙铁壁。

5. 坚持以立为本、重在建设。爱国主义是中华儿女最自然、最朴素的情感。要坚持从娃娃抓起,着眼固本培元、凝心铸魂，突出思想内涵，强化思想引领，做到润物无声，把基本要求和具体实际结合起来，把全面覆盖和突出重点结合起来，遵循规律、创新发展，注重落细落小落实、日常经常平常，强化教育引导、实践养成、制度保障，推动爱国主义教育融入贯穿国民教育和精神文明建设全过程。

6. 坚持立足中国又面向世界。一个国家、一个民族，只有开放兼容，才能富强兴盛。要把弘扬爱国主义精神与扩大对外开放结合起来，尊重各国历史特点、文化传统，尊重各国人民选择的发展道路，善于从不同文明中寻求智慧、汲取营养，促进人类和平与发展的崇高事业，共同推动人类文明发展进步。

二、基本内容

7. 坚持用习近平新时代中国特色社会主义思想武装全党、教育人民。习近平新时代中国特色社会主义思想是马克思主义中国化最新成果，是党和人民实践经验和集体智慧的结晶，是中国特色社会主义理论体系的重要组成部分，是全党全国人民为实现中华民族伟大复兴而奋斗的行动指南，必须长期坚持并不断发展。要深刻理解习近平新时代中国特色社会主义思想的核心要义、精神实质、丰富内涵、实践要求，不断增强干部群众的政治意识、大局意识、核心意识、看齐意识，坚决维护习近平总书记党中央的核心、全党的核心地位，坚决维护党中央权威和集中统一领导。要紧密结合人们生产生活实际，推动习近平新时代中国特色社会主义思想进企业、进农村、进机关、进校园、进社区、进军营、进网络，真正使党的创新理论落地生根、开花结果。要在知行合一、学以致用上下功夫，引导干部群众坚持以习近平新时代中国特色社会主义思想为指导，展现新气象、激发新作为，把学习教育成果转化为爱国报国的实际行动。

8. 深入开展中国特色社会主义和中国梦教育。中国特色社会主义集中体现着国家、民族、人民根本利益。要高举中国特色社会主义伟大旗帜，广泛开展理想信念教育，用党领导人民进行伟大社会革命的成果说话，用改革开放以来社会主义现代化建设的伟大成就说话，用新时代坚持和发展中国特色社会主义的生动实践说话，用中国特色社会主义制度的优势说话，在历史与现实、国际与国内的对比中，引导人们深刻认识中国共产党为什么"能"、马克思主义为什么"行"、中国特色社会主义为什么"好"，牢记红色政权是从哪里来的、新中国是怎么建立起来的，倍加珍惜我们党开创的中国特色社会主义，不断增强道路自信、理论自信、制度自信、文化自信。要深入开展中国梦教育,引导人们深刻认识中国梦是国家的梦、民族的梦,也是每个中国人的梦,深刻认识中华民族伟大复兴绝不是轻轻松松、敲锣打鼓就能实现的,要付出更为艰巨、更为艰苦的努力,争做新时代的奋斗者、追梦人。

9. 深入开展国情教育和形势政策教育。要深入开展国情教育,帮助人们了解我国发展新的历史方位、社会主要矛盾的变化,引导人们深刻认识到,我国仍处于并将长期处于社会主义初级阶段的基本国情没有变,我国是世界上最大发展中国家的国际地位没有变,始终准确把握基本国情,既不落后于时代,也不脱离实际、超越阶段。要深入开展形势政策教育,帮助人们树立正确的历史观、大局观、角色观,了解世界正经历百年未有之大变局,我国仍处于发展的重要战略机遇期,引导人们清醒认识国际国内形势发展变化,做好我们自己的事情。要发扬斗争精神,增强斗争本领,引导人们充分认识伟大斗争的长期性、复杂性、艰巨性,敢于直面风险挑战,以坚忍不拔的意志和无私无畏的勇气战胜前进道路上的一切艰难险阻,在进行伟大斗争中更好弘扬爱国主义精神。

10. 大力弘扬民族精神和时代精神。以爱国主义为核心的民族精神和以改革创新为核心的时代精神，是凝心聚力的兴国之魂、强国之魂。要聚焦培养担当民族复兴大任的时代新人，培育和践行社会主义核心价值观，广泛开展爱国主义、集体主义、社会主义教育，提高人们的思想觉悟、道德水准和文明素养。要唱响人民赞歌、展现人民风貌，大力弘扬中国人民在长期奋斗中形成的伟大创造精神、伟大奋斗精神、伟大团结精神、伟大梦想精神，生动展示人民群众在新时代的新实践、新业绩、新作为。

11. 广泛开展党史、国史、改革开放史教育。历史是最好的教科书，也是最好的清醒剂。要结合中华民族从站起来、富起来到强起来的伟大飞跃，引导人们深刻认识历史和人民选择中国共产党、选择马克思主义、选择社会主义道路、选择改革开放的历史必然性，深刻认识我们国家和民族从哪里来、到哪里去，坚决反对历史虚无主义。要继承革命传统，弘扬革命精神，传承红色基因，结合新的时代特点赋予新的内涵，使之转化为激励人民群众进行伟大斗争的强大动力。要加强改革开放教育，引导人们深刻认识改革开放是党和人民大踏步赶上时代的重要法宝，是坚持和发展中国特色社会主义的必由之路，是决定当代中国命运的关键一招，也是决定实现“两个一百年”

奋斗目标、实现中华民族伟大复兴的关键一招，凝聚起将改革开放进行到底的强大力量。

12. 传承和弘扬中华优秀传统文化。对祖国悠久历史、深厚文化的理解和接受，是爱国主义情感培育和发展的重要条件。要引导人们了解中华民族的悠久历史和灿烂文化，从历史中汲取营养和智慧，自觉延续文化基因，增强民族自尊心、自信心和自豪感。要坚持古为今用、推陈出新，不忘本来、辩证取舍，深入实施中华优秀传统文化传承发展工程，推动中华文化创造性转化、创新性发展。要坚守正道、弘扬大道，反对文化虚无主义，引导人们树立和坚持正确的历史观、民族观、国家观、文化观，不断增强中华民族的归属感、认同感、尊严感、荣誉感。

13. 强化祖国统一和民族团结进步教育。实现祖国统一、维护民族团结，是中华民族的不懈追求。要加强祖国统一教育，深刻揭示维护国家主权和领土完整、实现祖国完全统一是大势所趋、大义所在、民心所向，增进广大同胞心灵契合、互信认同，与分裂祖国的言行开展坚决斗争，引导全体中华儿女为实现民族伟大复兴、推进祖国和平统一而共同奋斗。深化民族团结进步教育，铸牢中华民族共同体意识，加强各民族交往交流交融，引导各族群众牢固树立“三个离不开”思想，不断增强“五个认同”，使各民族同呼吸、共命运、心连心的光荣传统代代相传。

14. 加强国家安全教育和国防教育。国家安全是安邦定国的重要基石。要加强国家安全教育，深入学习宣传总体国家安全观，增强全党全国人民国家安全意识，自觉维护政治安全、国土安全、经济安全、社会安全、网络安全和外部安全。要加强国防教育，增强全民国防观念，使关心国防、热爱国防、建设国防、保卫国防成为全社会的思想共识和自觉行动。要深入开展增强忧患意识、防范化解重大风险的宣传教育，引导广大干部群众强化风险意识，科学辨识风险、有效应对风险，做到居安思危、防患未然。

三、新时代爱国主义教育要面向全体人民、聚焦青少年

15. 充分发挥课堂教学的主渠道作用。培养社会主义建设者和接班人，首先要培养学生的爱国情怀。要把青少年作为爱国主义教育的重中之重，将爱国主义精神贯穿于学校教育全过程，推动爱国主义教育进课堂、进教材、进头脑。在普通中小学、中职学校，将爱国主义教育内容融入语文、道德与法治、历史等学科教材编写和教育教学中，在普通高校将爱国主义教育与哲学社会科学相关专业课程有机结合，加大爱国主义教育内容的比重。创新爱国主义教育的形式，丰富和优化课程资源，支持和鼓励多种形式开发微课、微视频等教育资源和在线课程，开发体现爱国主义教育要求的音乐、美术、书法、舞蹈、戏剧作品等，进一步增强吸引力感染力。

16. 办好学校思想政治理论课。思想政治理论课是爱国主义教育的主阵地。要紧紧抓住青少年阶段的“拔节孕穗期”，理直气壮开好思想政治理论课，引导学生把爱国情、强国志、报国行自觉融入坚持和发展中国特色社会主义事业、建设社会主义现代化强国、实现中华民族伟大复兴的奋斗之中。按照政治强、情怀深、思维新、视野广、自律严、人格正的要求，加强思想政治理论课教师队伍建设，让有信仰的人讲信仰，让有爱国情怀的人讲爱国。推动思想政治理论课改革创新，发挥学生主体作用，采取互动式、启发式、交流式教学，增强思想性理论性和亲和力针对性，在教育灌输和潜移默化中，引导学生树立国家意识、增进爱国情感。

17. 组织推出爱国主义精品出版物。针对不同年龄、不同成长阶段，坚持精品标准，加大创作力度，推出反映爱国主义内容的高质量儿童读物、教辅读物，让广大青少年自觉接受爱国主义熏陶。积极推荐爱国主义主题出版物，大力开展爱国主义教育读书活动。结合青少年兴趣点和接受习惯，大力开发并积极推介体现中华文化精髓、富有爱国主义气息的网络文学、动漫、有声读物、网络游戏、手机游戏、短视频等。

18. 广泛组织开展实践活动。大中小学的党组织、共青团、少先队、学生会、学生社团等，要把爱国主义内容融入党日团日、主题班会、班队会以及各类主题教育活动之中。广泛开展文明校园创建，强化校训校歌校史的爱国主义教育功能，组织开展丰富多彩的校园文化活动。组织大中小学生参观纪念馆、展览馆、博物馆、烈士纪念设施，参加军事训练、冬令营夏令营、文化科技卫生“三下乡”、学雷锋志愿服务、创新创业、公益活动等，更好地了解国情民情，强化责任担当。密切与城市社区、农村、企业、部队、社会机构等的联系，丰富拓展爱国主义教育校外实践领域。

19. 在广大知识分子中弘扬爱国奋斗精神。我国知识分子历来有浓厚的家国情怀和强烈的社会责任感。深入开展“弘扬爱国奋斗精神、建功立业新时代”活动，弘扬

“两弹一星”精神、载人航天精神等，大力组织优秀知识分子学习宣传，引导新时代知识分子把自己的理想同祖国的前途、把自己的人生同民族的命运紧密联系在一起，立足本职、拼搏奋斗、创新创造，在新时代作出应有的贡献。广泛动员和组织知识分子深入改革开放前沿、经济发展一线和革命老区、民族地区、边疆地区、贫困地区，开展调研考察和咨询服务，深入了解国情，坚定爱国追求。

20. 激发社会各界人士的爱国热情。社会各界的代表性人士具有较强示范效应。要坚持信任尊重团结引导，增进和凝聚政治共识，夯实共同思想政治基础，不断扩大团结面，充分调动社会各界人士的爱国热情和社会担当。通过开展职业精神职业道德教育、建立健全相关制度规范、发挥行业和舆论监督作用等，引导社会各界人士增强道德自律、履行社会责任。坚持我国宗教的中国化方向，加强宗教界人士和信教群众的爱国主义教育，引导他们热爱祖国、拥护社会主义制度、拥护中国共产党的领导，遵守国家法律法规和方针政策。加强“一国两制”实践教育，引导人们包括香港特别行政区同胞、澳门特别行政区同胞、台湾同胞和海外侨胞增强对国家的认同，自觉维护国家统一和民族团结。

四、丰富新时代爱国主义教育的实践载体

21. 建好用好爱国主义教育基地和国防教育基地。各级各类爱国主义教育基地，是激发爱国热情、凝聚人民力量、培育民族精神的重要场所。要加强内容建设，改进展陈方式，着力打造主题突出、导向鲜明、内涵丰富的精品陈列，强化爱国主义教育和红色教育功能，为社会各界群众参观学习提供更好服务。健全全国爱国主义教育示范基地动态管理机制，进一步完善落实免费开放政策和保障机制，根据实际情况，对爱国主义教育基地免费开放财政补助进行重新核定。依托军地资源，优化结构布局，提升质量水平，建设一批国防特色鲜明、功能设施配套、作用发挥明显的国防教育基地。

22. 注重运用仪式礼仪。认真贯彻执行国旗法、国徽法、国歌法，学习宣传基本知识和国旗升挂、国徽使用、国歌奏唱礼仪。在全社会广泛开展"同升国旗、同唱国歌"活动，让人们充分表达爱国情感。各级广播电台、电视台每天定时在主频率、主频道播放国歌。国庆期间，各级党政机关、人民团体、大型企事业单位、全国城乡社区和爱国主义教育基地等，要组织升国旗仪式并悬挂国旗。鼓励居民家庭在家门前适当位置悬挂国旗。认真组织宪法

宣誓仪式、入党入团入队仪式等,通过公开宣誓、重温誓词等形式,强化国家意识和集体观念。

23. 组织重大纪念活动。充分挖掘重大纪念日、重大历史事件蕴含的爱国主义教育资源,组织开展系列庆祝或纪念活动和群众性主题教育。抓住国庆节这一重要时间节点,广泛开展"我和我的祖国"系列主题活动,通过主题宣讲、大合唱、共和国故事汇、快闪、灯光秀、游园活动等形式,引导人们歌唱祖国、致敬祖国、祝福祖国,使国庆黄金周成为爱国活动周。充分运用"七一"党的生日、"八一"建军节等时间节点,广泛深入组织各种纪念活动,唱响共产党好、人民军队好的主旋律。在中国人民抗日战争胜利纪念日、烈士纪念日、南京大屠杀死难者国家公祭日期间,精心组织公祭、瞻仰纪念碑、祭扫烈士墓等,引导人们牢记历史、不忘过去,缅怀先烈、面向未来,激发爱国热情、凝聚奋进力量。

24. 发挥传统和现代节日的涵育功能。大力实施中国传统节日振兴工程,深化"我们的节日"主题活动,利用春节、元宵、清明、端午、七夕、中秋、重阳等重要传统节日,开展丰富多彩、积极健康、富有价值内涵的民俗文化活动,引导人们感悟中华文化、增进家国情怀。结合元旦、"三八”国际妇女节、“五一”国际劳动节、“五四”青年节、“六一”国际儿童节和中国农民丰收节等，开展各具特色的庆祝活动，激发人们的爱国主义和集体主义精神。

25. 依托自然人文景观和重大工程开展教育。寓爱国主义教育于游览观光之中，通过宣传展示、体验感受等多种方式，引导人们领略壮美河山，投身美丽中国建设。系统梳理传统文化资源，加强考古发掘和整理研究，保护好文物古迹、传统村落、民族村寨、传统建筑、农业遗迹、灌溉工程遗产、工业遗迹，推动遗产资源合理利用，健全非物质文化遗产保护制度，推进国家文化公园建设。推动文化和旅游融合发展，提升旅游质量水平和文化内涵，深入挖掘旅游资源中蕴含的爱国主义内容，防止过度商业行为和破坏性开发。推动红色旅游内涵式发展，完善全国红色旅游经典景区体系，凸显教育功能，加强对讲解员、导游等从业人员的管理培训，加强对解说词、旅游项目等的规范，坚持正确的历史观和历史标准。依托国家重大建设工程、科学工程等，建设一批展现新时代风采的主题教育基地。

五、营造新时代爱国主义教育的浓厚氛围

26. 用好报刊广播影视等大众传媒。各级各类媒体要聚焦爱国主义主题，创新方法手段，适应分众化、差异化传播趋势，使爱国主义宣传报道接地气、有生气、聚人气，有情感、有深度、有温度。把爱国主义主题融入贯穿媒体融合发展，打通网上网下、版面页面，推出系列专题专栏、新闻报道、言论评论以及融媒体产品，加强县级融媒体中心建设，生动讲好爱国故事、大力传播主流价值观。制作刊播爱国主义优秀公益广告作品，在街头户外张贴悬挂展示标语口号、宣传挂图，生动形象做好宣传。坚持正确舆论导向，对虚无历史、消解主流价值的错误思想言论，及时进行批驳和辨析引导。

27. 发挥先进典型的引领作用。大力宣传为中华民族和中国人民作出贡献的英雄，宣传革命、建设、改革时期涌现出的英雄烈士和模范人物，宣传时代楷模、道德模范、最美人物和身边好人，宣传具有爱国情怀的地方先贤、知名人物，以榜样的力量激励人、鼓舞人。广泛开展向先进典型学习活动，引导人们把敬仰和感动转化为干事创业、精忠报国的实际行动。做好先进模范人物的关心帮扶工作，落实相关待遇和礼遇，在全社会大力营造崇尚英雄、学习英雄、捍卫英雄、关爱英雄的浓厚氛围。

28. 创作生产优秀文艺作品。把爱国主义作为常写常新的主题，加大现实题材创作力度，为时代画像、为时代立传、为时代明德，不断推出讴歌党、讴歌祖国、讴歌人民、讴歌劳动、讴歌英雄的精品力作。深入实施中国当代文学艺术创作工程、重大历史题材创作工程等，加大对爱国主义题材文学创作、影视创作、词曲创作等的支持力度，加强对经典爱国歌曲、爱国影片的深入挖掘和创新传播，唱响爱国主义正气歌。文艺创作和评论评奖要具有鲜明爱国主义导向，倡导讲品位、讲格调、讲责任，抵制低俗、庸俗、媚俗，坚决反对亵渎祖先、亵渎经典、亵渎英雄，始终保持社会主义文艺的爱国底色。

29. 唱响互联网爱国主义主旋律。加强爱国主义网络内容建设，广泛开展网上主题教育活动，制作推介体现爱国主义内容、适合网络传播的音频、短视频、网络文章、纪录片、微电影等，让爱国主义充盈网络空间。实施爱国主义数字建设工程，推动爱国主义教育基地、红色旅游与网络传播有机结合。创新传播载体手段，积极运用微博微信、社交媒体、视频网站、手机客户端等传播平台，运用虚拟现实、增强现实、混合现实等新技术新产品，生动活泼开展网上爱国主义教育。充分发挥“学习强国”学习平台在爱国主义宣传教育中的作用。加强网上舆论引导，依法依规进行综合治理，引导网民自觉抵制损害国家荣誉、否定中华优秀传统文化的错误言行，汇聚网上正能量。

30. 涵养积极进取开放包容理性平和的国民心态。加强宣传教育，引导人们正确把握中国与世界的发展大势，正确认识中国与世界的关系，既不妄自尊大也不妄自菲薄，做到自尊自信、理性平和。爱国主义是世界各国人民共有的情感，实现世界和平与发展是各国人民共同的愿望。一方面要弘扬爱国主义精神，另一方面要培养海纳百川、开放包容的胸襟，大力宣传坚持和平发展合作共赢、构建人类命运共同体、共建"一带一路"等重要理念和倡议，激励广大人民同各国人民一道共同创造美好未来。对每一个中国人来说，爱国是本分，也是职责，是心之所系、情之所归。倡导知行合一，推动爱国之情转化为实际行动，使人们理性表达爱国情感，反对极端行为。

31. 强化制度和法治保障。把爱国主义精神融入相关法律法规和政策制度，体现到市民公约、村规民约、学生守则、行业规范、团体章程等的制定完善中，发挥指引、约束和规范作用。在全社会深入学习宣传宪法、英雄烈士保护法、文物保护法等，广泛开展法治文化活动，使普法过程成为爱国主义教育过程。严格执法司法、推进依法治理，综合运用行政、法律等手段，对不尊重国歌国旗国徽等国家象征与标志，对侵害英雄烈士姓名、肖像、名誉、荣誉等行为，对破坏污损爱国主义教育场所设施，对宣扬、美化侵略战争和侵略行为等，依法依规进行严肃处理。依法严惩暴力恐怖、民族分裂等危害国家安全和社会稳定的犯罪行为。

六、加强对新时代爱国主义教育的组织领导

32. 各级党委和政府要承担起主体责任。各级党委和政府要负起政治责任和领导责任，把爱国主义教育摆上重要日程，纳入意识形态工作责任制，加强阵地建设和管理，抓好各项任务落实。进一步健全党委统一领导、党政齐抓共管、宣传部门统筹协调、有关部门各负其责的工作格局，建立爱国主义教育联席会议制度，加强工作指导和沟通协调，及时研究解决工作中的重要事项和存在问题。广大党员干部要以身作则，牢记初心使命，勇于担当作为，发挥模范带头作用，做爱国主义的坚定弘扬者和实践者，同违背爱国主义的言行作坚决斗争。

33. 调动广大人民群众的积极性主动性。爱国主义教育是全民教育，必须突出教育的群众性。各级工会、共青团、妇联和文联、作协、科协、侨联、残联以及关工委等人民

团体和群众组织，要发挥各自优势，面向所联系的领域和群体广泛开展爱国主义教育。组织动员老干部、老战士、老专家、老教师、老模范等到广大群众特别是青少年中讲述亲身经历，弘扬爱国传统。坚持热在基层、热在群众，结合人们生产生活，把爱国主义教育融入到新时代文明实践中心建设、学雷锋志愿服务、精神文明创建之中，体现到百姓宣讲、广场舞、文艺演出、邻居节等群众性活动之中，引导人们自我宣传、自我教育、自我提高。

34. 求真务实注重实效。爱国主义教育是思想的洗礼、精神的熏陶。要坚持目标导向、问题导向、效果导向，坚持虚功实做、久久为功，在深化、转化上下功夫，在具象化、细微处下功夫，更好地体现时代性、把握规律性、富于创造性。坚持从实际出发，务实节俭开展教育、组织活动，杜绝铺张浪费，不给基层和群众增加负担，坚决反对形式主义、官僚主义。

各地区各部门要根据本纲要制定贯彻落实的具体措施，确保爱国主义教育各项任务要求落到实处。

中国人民解放军和中国人民武装警察部队按照本纲要总的要求，结合部队实际制定具体规划、作出安排部署。

凝聚奋进新时代实现民族复兴的磅礴伟力

——中央宣传部负责人就《新时代爱国主义教育实施纲要》答记者问*

近日，中共中央、国务院印发了《新时代爱国主义教育实施纲要》(以下简称《纲要》)。中央宣传部负责人就《纲要》有关情况，回答了记者的提问。

问：请您介绍一下《纲要》出台的背景和意义。

答：党的十八大以来，以习近平同志为核心的党中央高度重视爱国主义教育，固本培元、凝心铸魂，作出一系列重要部署，推动爱国主义教育取得显著成效。党的理论创新成果深入人心，全党全社会思想上的团结统一更加巩固，干部群众的爱国情、强国志、报国行广为激发，全

---

* 摘自《人民日报》(2019年11月13日第3版)。

体人民同心同德、步调一致向前进的信念信心更加坚定，在举办大事要事、应对风险挑战中，展现出朝气蓬勃的精气神。

1994年8月，党中央颁布《爱国主义教育实施纲要》，对在新的历史条件下加强爱国主义教育，继承和发扬爱国主义传统提供了重要遵循，推动爱国主义教育活动不断兴起热潮。中国特色社会主义进入新时代，中华民族伟大复兴正处于关键时期，爱国主义教育面临的内外环境、形势任务发生很大变化，迫切需要对新时代爱国主义教育进行战略谋划，作出全面部署。

爱国主义是中华民族精神的核心。中国特色社会主义进入新时代，必须大力弘扬爱国主义精神，把爱国主义教育贯穿国民教育和精神文明建设全过程。在庆祝新中国成立70周年之际，制定印发《新时代爱国主义教育实施纲要》，对于引导全体人民弘扬伟大的爱国主义精神，为实现中华民族伟大复兴的中国梦不懈奋斗，具有非常重要的现实意义和深远的历史意义。

问：请您介绍一下制定《纲要》过程中的基本考虑。

答：《纲要》以“举旗帜、聚民心、育新人、兴文化、展形象”为根本，紧紧围绕政治引领、时代特征、思想含量和价值导向，做到“三个贯穿始终”。一是习近平总书记系列重要论述贯穿始终。认真学习贯彻党的十八大以来，习近平总书记关于爱国主义精神的系列讲话、指示、批示等，充分体现到《纲要》制定之中。二是中国特色社会主义进入新时代贯穿始终。《纲要》紧扣中国特色社会主义进入新时代这个我国发展新的历史方位，准确把握新时代对爱国主义教育提出的新课题、新使命、新任务和新要求，以新内容、新形式、新载体和新思路谋划新时代爱国主义教育，努力使《纲要》具有鲜明的时代特征。三是“聚民心、育新人”的使命任务贯穿始终。着眼实现中华民族伟大复兴的中国梦这一“最大公约数”，从人民群众对新时代爱国主义教育的愿望和需求出发，作出顶层设计和规划部署，努力使《纲要》具有较强的指导性、针对性和可操作性。

问：请您介绍一下制定《纲要》过程中的一些特点。

答：制定《纲要》过程中的一个鲜明特点，就是坚持群众路线、问计于民，广泛听取和吸收各方面特别是基层干部群众的意见建议。起草组多次深入农村、企业、社区和高校进行调研座谈，了解基层干部群众的愿望和期待。《纲要》形成后，还多次征求中央有关部门、各省（自治区、直辖市)党委宣传部门、相关领域专家学者特别是基层工作者的意见建议,并在修改完善中尽量予以体现。充分吸收1994年中央颁布《爱国主义教育实施纲要》以来,各地各有关方面在实践中形成的好经验好做法,并结合新时代加以丰富和发展。《纲要》的制定具有坚实的群众基础,体现了群众要求,制定过程本身就是宣传群众、动员群众、教育群众的过程。

问:请您介绍一下《纲要》的主要框架。

答:《纲要》共有六个部分、34条,大体上可以分为三个板块。第一板块包括新时代爱国主义教育的总体要求和基本内容,第二板块包括新时代爱国主义教育的群体对象、载体手段和氛围营造,第三板块是新时代爱国主义教育的组织保障。

问:请问新时代爱国主义教育的基本内容有哪些?

答:《纲要》紧扣时代主题,提出八个方面的教育内容。一是坚持用习近平新时代中国特色社会主义思想武装全党、教育人民,引导干部群众坚持以习近平新时代中国特色社会主义思想为指导,展现新气象、激发新作为,把学习教育成果转化为爱国报国的实际行动。二是深入开展中国特色社会主义和中国梦教育,在历史与现实、国际与国内的对比中,引导人们深刻认识中国共产党为什么“能”、马克思主义为什么“行”、中国特色社会主义为什么“好”,倍加珍惜我们党开创的中国特色社会主义,不断增强道路自信、理论自信、制度自信、文化自信。三是深入开展国情教育和形势政策教育,帮助人们了解我国发展新的历史方位、社会主要矛盾的变化,引导人们在进行伟大斗争中更好地弘扬爱国主义精神。四是大力弘扬以爱国主义为核心的民族精神和以改革创新为核心的时代精神,聚焦培养担当民族复兴大任的时代新人,培育和践行社会主义核心价值观,提高人们的思想觉悟、道德水准和文明素养。五是广泛开展党史、国史、改革开放史教育,引导人们深刻认识历史和人民选择中国共产党、选择马克思主义、选择社会主义道路、选择改革开放的历史必然性,凝聚起将改革开放进行到底的强大力量。六是传承和弘扬中华优秀传统文化,引导人们树立和坚持正确的历史观、民族观、国家观、文化观,不断增强中华民族的归属感、认同感、尊严感、荣誉感。七是强化祖国统一和民族团结进步教育,引导各族群众牢固树立“三个离不开”思想,不断增强“五个认同”,使各民族同呼吸、共命运、心连心的光荣传统代代相传。八是加强国家安全教育和国防教育，引导广大干部群众自觉维护国家安全，增强全民国防观念。

问：对青少年进行爱国主义教育有哪些具体举措？

答：青少年是爱国主义教育的重中之重。一是充分发挥课堂教学的主渠道作用，将爱国主义精神贯穿于学校教育全过程，推动爱国主义教育进课堂、进教材、进头脑。二是办好学校思想政治理论课，紧紧抓住青少年阶段的“拔节孕穗期”，推动思想政治理论课改革创新，发挥学生主体作用，在教育灌输和潜移默化中，引导学生树立国家意识、增进爱国情感。三是组织推出爱国主义精品出版物，针对不同年龄、不同成长阶段，推出反映爱国主义内容的高质量读物，让广大青少年自觉接受爱国主义熏陶。四是广泛组织开展实践活动，把爱国主义内容融入各类主题教育活动之中，组织开展丰富多彩的校园文化活动，丰富拓展爱国主义教育校外实践领域，引导大中小学生更好地了解国情民情，强化责任担当。

问：如何运用多种形式和载体开展新时代爱国主义教育？

答：《纲要》着眼新的形势和实践，提出五个方面的具体举措。一是建好用好爱国主义教育基地和国防教育基地，强化爱国主义教育和红色教育功能。二是注重运用仪式礼仪，认真贯彻执行国旗法、国徽法、国歌法，强化国家意识和集体观念。三是组织重大纪念活动，充分挖掘重大纪念日、重大历史事件蕴含的爱国主义教育资源，组织开展系列庆祝或纪念活动和群众性主题教育。四是发挥传统和现代节日的涵育功能，大力实施中华传统节日振兴工程，深化“我们的节日”主题活动，引导人们感悟中华文化、增进家国情怀。五是依托自然人文景观和重大工程开展教育，寓爱国主义教育于游览观光之中，引导人们领略壮美河山，投身美丽中国建设。

问：如何发挥社会各方面在新时代爱国主义教育中的积极作用？

答：《纲要》着眼营造良好氛围，提出六个方面的具体举措。一是用好报刊广播影视等大众传媒，生动鲜活地开展爱国主义教育。二是发挥先进典型的引领作用。引导人们把对榜样的敬仰和感动转化为干事创业、精忠报国的实际行动。三是创作生产优秀文艺作品，把爱国主义作为常写常新的主题，不断推出精品力作。四是唱响互联网爱国主义主旋律，让爱国主义充盈网络空间。《纲要》还提出，要涵养积极进取开放包容理性平和的国民心态，引导人们做到自尊自信、理性平和，推动爱国之情转化为实际行动。要强化制度和法治保障，把爱国主义精神融入相关法律法规和政策制度，发挥约束和规范作用。

问：《纲要》颁布实施后，关键是贯彻落实，请谈谈应当如何抓好贯彻落实。

答：《纲要》提出，要切实加强组织领导，各级党委和政府要承担起主体责任，把爱国主义教育纳入意识形态工作责任制，进一步健全工作格局和工作机制，抓好各项任务的落实。调动广大人民群众的积极性主动性，把爱国主义教育融入群众性活动之中，引导人们自我宣传、自我教育、自我提高。求真务实注重实效，更好地体现时代性、把握规律性、富于创造性，坚决反对形式主义、官僚主义。

中共中央　国务院关于印发《新时代公民道德建设实施纲要》的通知

各省、自治区、直辖市党委和人民政府，中央和国家机关各部委，解放军各大单位、中央军委机关各部门，各人民团体：

现将《新时代公民道德建设实施纲要》印发给你们，请结合实际认真贯彻落实。

中共中央

国务院

2019年10月17日

新时代公民道德建设实施纲要

中华文明源远流长，孕育了中华民族的宝贵精神品格，培育了中国人民的崇高价值追求。中国共产党领导人民在革命、建设和改革历史进程中，坚持马克思主义对人类美好社会的理想，继承发扬中华传统美德，创造形成了引领中国社会发展进步的社会主义道德体系。坚持和发展中国特色社会主义，需要物质文明和精神文明全面发展、人民物质生活和精神生活水平全面提升。中国特色社会主义进入新时代，加强公民道德建设、提高全社会道德水平，是全面建成小康社会、全面建设社会主义现代化强国的战略任务，是适应社会主要矛盾变化、满足人民对美好生活向往的迫切需要，是促进社会全面进步、人的全面发展的必然要求。

2001 年，党中央颁布《公民道德建设实施纲要》，对在社会主义市场经济条件下加强公民道德建设提供了重要指导,有力促进了社会主义精神文明建设。党的十八大以来,以习近平同志为核心的党中央高度重视公民道德建设,立根塑魂、正本清源,作出一系列重要部署,推动思想道德建设取得显著成效。中国特色社会主义和中国梦深入人心,践行社会主义核心价值观、传承中华优秀传统文化的自觉性不断提升,爱国主义、集体主义、社会主义思想广为弘扬,崇尚英雄、尊重模范、学习先进成为风尚,民族自信心、自豪感大大增强,人民思想觉悟、道德水准、文明素养不断提高,道德领域呈现积极健康向上的良好态势。

同时也要看到,在国际国内形势深刻变化、我国经济社会深刻变革的大背景下,由于市场经济规则、政策法规、社会治理还不够健全,受不良思想文化侵蚀和网络有害信息影响,道德领域依然存在不少问题。一些地方、一些领域不同程度存在道德失范现象,拜金主义、享乐主义、极端个人主义仍然比较突出;一些社会成员道德观念模糊甚至缺失,是非、善恶、美丑不分,见利忘义、唯利是图,损人利己、损公肥私;造假欺诈、不讲信用的现象久治不绝,突破公序良俗底线、妨害人民幸福生活、伤害国家尊严和民族感情的事件时有发生。这些问题必须引起全党全社会高度重视，采取有力措施切实加以解决。

加强公民道德建设是一项长期而紧迫、艰巨而复杂的任务，要适应新时代新要求，坚持目标导向和问题导向相统一，进一步加大工作力度，把握规律、积极创新，持之以恒、久久为功，推动全民道德素质和社会文明程度达到一个新高度。

一、总体要求

要以习近平新时代中国特色社会主义思想为指导，紧紧围绕进行伟大斗争、建设伟大工程、推进伟大事业、实现伟大梦想，着眼构筑中国精神、中国价值、中国力量，促进全体人民在理想信念、价值理念、道德观念上紧密团结在一起，在全民族牢固树立中国特色社会主义共同理想，在全社会大力弘扬社会主义核心价值观，积极倡导富强民主文明和谐、自由平等公正法治、爱国敬业诚信友善，全面推进社会公德、职业道德、家庭美德、个人品德建设，持续强化教育引导、实践养成、制度保障，不断提升公民道德素质，促进人的全面发展，培养和造就担当民族复兴大任的时代新人。

——坚持马克思主义道德观、社会主义道德观，倡导共产主义道德,以为人民服务为核心,以集体主义为原则,以爱祖国、爱人民、爱劳动、爱科学、爱社会主义为基本要求,始终保持公民道德建设的社会主义方向。

——坚持以社会主义核心价值观为引领,将国家、社会、个人层面的价值要求贯穿到道德建设各方面,以主流价值建构道德规范、强化道德认同、指引道德实践,引导人们明大德、守公德、严私德。

——坚持在继承传统中创新发展,自觉传承中华传统美德,继承我们党领导人民在长期实践中形成的优良传统和革命道德,适应新时代改革开放和社会主义市场经济发展要求,积极推动创造性转化、创新性发展,不断增强道德建设的时代性实效性。

——坚持提升道德认知与推动道德实践相结合,尊重人民群众的主体地位,激发人们形成善良的道德意愿、道德情感,培育正确的道德判断和道德责任,提高道德实践能力尤其是自觉实践能力,引导人们向往和追求讲道德、尊道德、守道德的生活。

——坚持发挥社会主义法治的促进和保障作用,以法治承载道德理念、鲜明道德导向、弘扬美德义行,把社会主义道德要求体现到立法、执法、司法、守法之中,以法治的力量引导人们向上向善。

——坚持积极倡导与有效治理并举，遵循道德建设规律，把先进性要求与广泛性要求结合起来，坚持重在建设、立破并举，发挥榜样示范引领作用，加大突出问题整治力度，树立新风正气、祛除歪风邪气。

要把社会公德、职业道德、家庭美德、个人品德建设作为着力点。推动践行以文明礼貌、助人为乐、爱护公物、保护环境、遵纪守法为主要内容的社会公德，鼓励人们在社会上做一个好公民；推动践行以爱岗敬业、诚实守信、办事公道、热情服务、奉献社会为主要内容的职业道德，鼓励人们在工作中做一个好建设者；推动践行以尊老爱幼、男女平等、夫妻和睦、勤俭持家、邻里互助为主要内容的家庭美德，鼓励人们在家庭里做一个好成员；推动践行以爱国奉献、明礼遵规、勤劳善良、宽厚正直、自强自律为主要内容的个人品德，鼓励人们在日常生活中养成好品行。

二、重点任务

1. 筑牢理想信念之基。人民有信仰，国家有力量，民族有希望。信仰信念指引人生方向，引领道德追求。要坚持不懈用习近平新时代中国特色社会主义思想武装全党、教育人民，引导人们把握丰富内涵、精神实质、实践要求，打牢信仰信念的思想理论根基。在全社会广泛开展理想信念教育，深化社会主义和共产主义宣传教育，深化中国特色社会主义和中国梦宣传教育，引导人们不断增强道路自信、理论自信、制度自信、文化自信，把共产主义远大理想与中国特色社会主义共同理想统一起来，把实现个人理想融入实现国家富强、民族振兴、人民幸福的伟大梦想之中。

2. 培育和践行社会主义核心价值观。社会主义核心价值观是当代中国精神的集中体现，是凝聚中国力量的思想道德基础。要持续深化社会主义核心价值观宣传教育，增进认知认同、树立鲜明导向、强化示范带动，引导人们把社会主义核心价值观作为明德修身、立德树人的根本遵循。坚持贯穿结合融入、落细落小落实，把社会主义核心价值观要求融入日常生活，使之成为人们日用而不觉的道德规范和行为准则。坚持德法兼治，以道德滋养法治精神，以法治体现道德理念，全面贯彻实施宪法，推动社会主义核心价值观融入法治建设，将社会主义核心价值观要求全面体现到中国特色社会主义法律体系中，体现到法律法规立改废释、公共政策制定修订、社会治理改进完善中,为弘扬主流价值提供良好社会环境和制度保障。

3. 传承中华传统美德。中华传统美德是中华文化精髓,是道德建设的不竭源泉。要以礼敬自豪的态度对待中华优秀传统文化,充分发掘文化经典、历史遗存、文物古迹承载的丰厚道德资源,弘扬古圣先贤、民族英雄、志士仁人的嘉言懿行,让中华文化基因更好植根于人们的思想意识和道德观念。深入阐发中华优秀传统文化蕴含的讲仁爱、重民本、守诚信、崇正义、尚和合、求大同等思想理念,深入挖掘自强不息、敬业乐群、扶正扬善、扶危济困、见义勇为、孝老爱亲等传统美德,并结合新的时代条件和实践要求继承创新,充分彰显其时代价值和永恒魅力,使之与现代文化、现实生活相融相通,成为全体人民精神生活、道德实践的鲜明标识。

4. 弘扬民族精神和时代精神。以爱国主义为核心的民族精神和以改革创新为核心的时代精神,是中华民族生生不息、发展壮大的坚实精神支撑和强大道德力量。要深化改革开放史、新中国历史、中国共产党历史、中华民族近代史、中华文明史教育,弘扬中国人民伟大创造精神、伟大奋斗精神、伟大团结精神、伟大梦想精神,倡导一切有利于团结统一、爱好和平、勤劳勇敢、自强不息的思想和观念，构筑中华民族共有精神家园。要继承和发扬党领导人民创造的优良传统，传承红色基因，赓续精神谱系。要紧紧围绕全面深化改革开放、深入推进社会主义现代化建设，大力倡导解放思想、实事求是、与时俱进、求真务实的理念，倡导“幸福源自奋斗”、“成功在于奉献”、“平凡孕育伟大”的理念，弘扬改革开放精神、劳动精神、劳模精神、工匠精神、优秀企业家精神、科学家精神，使全体人民保持昂扬向上、奋发有为的精神状态。

三、深化道德教育引导

1. 把立德树人贯穿学校教育全过程。学校是公民道德建设的重要阵地。要全面贯彻党的教育方针，坚持社会主义办学方向，坚持育人为本、德育为先，把思想品德作为学生核心素养、纳入学业质量标准，构建德智体美劳全面培养的教育体系。加强思想品德教育，遵循不同年龄阶段的道德认知规律，结合基础教育、职业教育、高等教育的不同特点，把社会主义核心价值观和道德规范有效传授给学生。注重融入贯穿，把公民道德建设的内容和要求体现到各学科教育中，体现到学科体系、教学体系、教材体系、管理体系建设中，使传授知识过程成为道德教化过程。开展社会实践活动,强化劳动精神、劳动观念教育,引导学生热爱劳动、尊重劳动,懂得劳动最光荣、劳动最崇高、劳动最伟大、劳动最美丽的道理,更好认识社会、了解国情,增强社会责任感。加强师德师风建设,引导教师以德立身、以德立学、以德施教、以德育德,做有理想信念、有道德情操、有扎实学识、有仁爱之心的好老师。建设优良校风,用校训励志,丰富校园文化生活,营造有利于学生修德立身的良好氛围。

2. 用良好家教家风涵育道德品行。家庭是社会的基本细胞,是道德养成的起点。要弘扬中华民族传统家庭美德,倡导现代家庭文明观念,推动形成爱国爱家、相亲相爱、向上向善、共建共享的社会主义家庭文明新风尚,让美德在家庭中生根、在亲情中升华。通过多种方式,引导广大家庭重言传、重身教,教知识、育品德,以身作则、耳濡目染,用正确道德观念塑造孩子美好心灵;自觉传承中华孝道,感念父母养育之恩、感念长辈关爱之情,养成孝敬父母、尊敬长辈的良好品质;倡导忠诚、责任、亲情、学习、公益的理念,让家庭成员相互影响、共同提高,在为家庭谋幸福、为他人送温暖、为社会作贡献过程中提高精神境界、培育文明风尚。

3. 以先进模范引领道德风尚。伟大时代呼唤伟大精神，崇高事业需要榜样引领。要精心选树时代楷模、道德模范等先进典型，综合运用宣讲报告、事迹报道、专题节目、文艺作品、公益广告等形式，广泛宣传他们的先进事迹和突出贡献，树立鲜明时代价值取向，彰显社会道德高度。持续推出各行各业先进人物，广泛推荐宣传最美人物、身边好人，让不同行业、不同群体都能学有榜样、行有示范，形成见贤思齐、争当先进的生动局面。尊崇褒扬、关心关爱先进人物和英雄模范，建立健全关爱关怀机制，维护先进人物和英雄模范的荣誉和形象，形成德者有得、好人好报的价值导向。

4. 以正确舆论营造良好道德环境。舆论具有成风化人、敦风化俗的重要作用。要坚持以正确的舆论引导人，把正确价值导向和道德要求体现到经济、社会、文化等各领域的新闻报道中，体现到娱乐、体育、广告等各类节目栏目中。加强对道德领域热点问题的引导，以事说理、以案明德，着力增强人们的法治意识、公共意识、规则意识、责任意识。发挥舆论监督作用，对违反社会道德、背离公序良俗的言行和现象，及时进行批评、驳斥，激浊扬清、弘扬正气。传媒和相关业务从业人员要加强道德修养、强化道德自律,自觉履行社会责任。

5. 以优秀文艺作品陶冶道德情操。文以载道,文以传情,文以植德。要把培育和弘扬社会主义核心价值观作为根本任务,坚持以人民为中心的创作导向,推出更多讴歌党、讴歌祖国,讴歌人民、讴歌英雄,讴歌劳动、讴歌奉献的精品力作,润物无声传播真善美,弘扬崇高的道德理想和道德追求。坚持把社会效益放在首位,倡导讲品位、讲格调、讲责任,抵制低俗、庸俗、媚俗,用健康向上的文艺作品温润心灵、启迪心智、引领风尚。要把社会主义道德作为文艺评论、评介、评奖的重要标准,更好地引导文艺创作生产传播坚守正道、弘扬正气。文艺工作者要把崇德尚艺作为一生的功课,把为人、做事、从艺统一起来,加强思想积累、知识储备、艺术训练,提高学养、涵养、修养,努力追求真才学、好德行、高品位,做到德艺双馨。

6. 发挥各类阵地道德教育作用。各类阵地是面向广大群众开展道德教育的基本依托。要加强新时代文明实践中心建设,大力推进媒体融合发展,抓好县级融媒体中心建设,推动基层广泛开展中国特色社会主义文化、社会主义思想道德学习教育实践,引导人们提高思想觉悟、道德水准、文明素养。加强爱国主义教育基地和革命纪念设施建设保护利用，充实展陈内容，丰富思想内涵，提升教育功能。民族团结、科普、国防等教育基地，图书馆、文化馆、博物馆、纪念馆、科技馆、青少年活动中心等公共文化设施，都要结合各自功能特点有针对性地开展道德教育。用好宣传栏、显示屏、广告牌等户外媒介，营造明德守礼的浓厚氛围。

7. 抓好重点群体的教育引导。公民道德建设既要面向全体社会成员开展，也要聚焦重点、抓住关键。党员干部的道德操守直接影响着全社会道德风尚，要落实全面从严治党要求，加强理想信念教育，补足精神之钙；要加强政德修养，坚持法律红线不可逾越、道德底线不可触碰，在严肃规范的党内政治生活中锤炼党性、改进作风、砥砺品质，践行忠诚老实、公道正派、艰苦奋斗、清正廉洁等品格，正心修身、慎独慎微，严以律己、廉洁齐家，在道德建设中为全社会作出表率。青少年是国家的希望、民族的未来，要坚持从娃娃抓起，引导青少年把正确的道德认知、自觉的道德养成、积极的道德实践紧密结合起来，善于从中华民族传统美德中汲取道德滋养，从英雄人物和时代楷模身上感受道德风范，从自身内省中提升道德修为，不断修身立德，打牢道德根基。全社会都要关心帮助支持青少年成长发展,完善家庭、学校、政府、社会相结合的思想道德教育体系,引导青少年树立远大志向,热爱党、热爱祖国、热爱人民,形成好思想、好品行、好习惯,扣好人生第一粒扣子。社会公众人物知名度高、影响力大,要加强思想政治引领,引导他们承担社会责任,加强道德修养,注重道德自律,自觉接受社会和舆论监督,树立良好社会形象。

四、推动道德实践养成

1. 广泛开展弘扬时代新风行动。良好社会风尚是社会文明程度的重要标志,涵育着公民美德善行,推动着社会和谐有序运转。要紧密结合社会发展实际,广泛开展文明出行、文明交通、文明旅游、文明就餐、文明观赛等活动,引导人们自觉遵守社会交往、公共场所中的文明规范。着眼完善社会治理、规范社会秩序,推动街道社区、交通设施、医疗场所、景区景点、文体场馆等的精细管理、规范运营,优化公共空间、提升服务水平,为人们增强公共意识、规则意识创造良好环境。

2. 深化群众性创建活动。各类群众性创建活动是人民群众自我教育、自我提高的生动实践。群众性精神文明创建活动要突出道德要求,充实道德内容,将社会公德、职业道德、家庭美德、个人品德建设贯穿创建全过程。文明城市、文明村镇创建要坚持为民利民惠民,突出文明和谐、宜居宜业,不断提升基层社会治理水平和群众文明素质。文明单位创建要立足行业特色、职业特点,突出涵养职业操守、培育职业精神、树立行业新风,引导从业者精益求精、追求卓越,为社会提供优质产品和服务。文明家庭创建要聚焦涵育家庭美德,弘扬优良家风。文明校园创建要聚焦立德树人,培养德智体美劳全面发展的社会主义建设者和接班人。各级党政机关、各行业各系统开展的创建活动,要把公民道德建设摆在更加重要的位置,以扎实有效的创建工作推动全民道德素质提升。

3. 持续推进诚信建设。诚信是社会和谐的基石和重要特征。要继承发扬中华民族重信守诺的传统美德,弘扬与社会主义市场经济相适应的诚信理念、诚信文化、契约精神,推动各行业各领域制定诚信公约,加快个人诚信、政务诚信、商务诚信、社会诚信和司法公信建设,构建覆盖全社会的征信体系,健全守信联合激励和失信联合惩戒机制,开展诚信缺失突出问题专项治理,提高全社会诚信水平。重视学术、科研诚信建设,严肃查处违背学术科研诚信要求的行为。深入开展“诚信建设万里行”、“诚信兴商宣传月”等活动，评选发布“诚信之星”，宣传推介诚信先进集体，激励人们更好地讲诚实、守信用。

4. 深入推进学雷锋志愿服务。学雷锋和志愿服务是践行社会主义道德的重要途径。要弘扬雷锋精神和奉献、友爱、互助、进步的志愿精神，围绕重大活动、扶贫救灾、敬老救孤、恤病助残、法律援助、文化支教、环境保护、健康指导等，广泛开展学雷锋和志愿服务活动，引导人们把学雷锋和志愿服务作为生活方式、生活习惯。推动志愿服务组织发展，完善激励褒奖制度，推进学雷锋志愿服务制度化常态化，使“我为人人、人人为我”蔚然成风。

5. 广泛开展移风易俗行动。摒弃陈规陋习、倡导文明新风是道德建设的重要任务。要围绕实施乡村振兴战略，培育文明乡风、淳朴民风，倡导科学文明生活方式，挖掘创新乡土文化，不断焕发乡村文明新气象。充分发挥村规民约、道德评议会、红白理事会等作用，破除铺张浪费、薄养厚葬、人情攀比等不良习俗。要提倡科学精神，普及科学知识，抵制迷信和腐朽落后文化，防范极端宗教思想和非法宗教势力渗透。

6. 充分发挥礼仪礼节的教化作用。礼仪礼节是道德素养的体现，也是道德实践的载体。要制定国家礼仪规程，完善党和国家功勋荣誉表彰制度，规范开展升国旗、奏唱国歌、入党入团入队等仪式，强化仪式感、参与感、现代感，增强人们对党和国家、对组织集体的认同感和归属感。充分利用重要传统节日、重大节庆和纪念日，组织开展群众性主题实践活动，丰富道德体验、增进道德情感。研究制定继承中华优秀传统、适应现代文明要求的社会礼仪、服装服饰、文明用语规范，引导人们重礼节、讲礼貌。

7. 积极践行绿色生产生活方式。绿色发展、生态道德是现代文明的重要标志，是美好生活的基础、人民群众的期盼。要推动全社会共建美丽中国，围绕世界地球日、世界环境日、世界森林日、世界水日、世界海洋日和全国节能宣传周等，广泛开展多种形式的主题宣传实践活动，坚持人与自然和谐共生，引导人们树立尊重自然、顺应自然、保护自然的理念，树立绿水青山就是金山银山的理念，增强节约意识、环保意识和生态意识。开展创建节约型机关、绿色家庭、绿色学校、绿色社区、绿色出行和垃圾分类等行动，倡导简约适度、绿色低碳的生活方式，拒绝奢华和浪费，引导人们做生态环境的保护者、建设者。

8. 在对外交流交往中展示文明素养。公民道德风貌关系国家形象。实施中国公民旅游文明素质行动计划，推动出入境管理机构、海关、驻外机构、旅行社、网络旅游平台等，加强文明宣传教育，引导中国公民在境外旅游、求学、经商、探亲中，尊重当地法律法规和文化习俗，展现中华美德，维护国家荣誉和利益。培育健康理性的国民心态，引导人们在各种国际场合、涉外活动和交流交往中，树立自尊自信、开放包容、积极向上的良好形象。

五、抓好网络空间道德建设

1. 加强网络内容建设。网络信息内容广泛影响着人们的思想观念和道德行为。要深入实施网络内容建设工程，弘扬主旋律，激发正能量，让科学理论、正确舆论、优秀文化充盈网络空间。发展积极向上的网络文化，引导互联网企业和网民创作生产传播格调健康的网络文学、网络音乐、网络表演、网络电影、网络剧、网络音视频、网络动漫、网络游戏等。加强网上热点话题和突发事件的正确引导、有效引导，明辨是非、分清善恶，让正确道德取向成为网络空间的主流。

2. 培养文明自律网络行为。网上行为主体的文明自律是网络空间道德建设的基础。要建立和完善网络行为规范，明确网络是非观念，培育符合互联网发展规律、体现社会主义精神文明建设要求的网络伦理、网络道德。

倡导文明办网,推动互联网企业自觉履行主体责任、主动承担社会责任,依法依规经营,加强网络从业人员教育培训,坚决打击网上有害信息传播行为,依法规范管理传播渠道。倡导文明上网,广泛开展争做中国好网民活动,推进网民网络素养教育,引导广大网民尊德守法、文明互动、理性表达,远离不良网站,防止网络沉迷,自觉维护良好网络秩序。

3. 丰富网上道德实践。互联网为道德实践提供了新的空间、新的载体。要积极培育和引导互联网公益力量,壮大网络公益队伍,形成线上线下踊跃参与公益事业的生动局面。加强网络公益宣传,引导人们随时、随地、随手做公益,推动形成关爱他人、奉献社会的良好风尚。拓展“互联网+公益”、“互联网+慈善”模式,广泛开展形式多样的网络公益、网络慈善活动,激发全社会热心公益、参与慈善的热情。加强网络公益规范化运行和管理,完善相关法规制度,促进网络公益健康有序发展。

4. 营造良好网络道德环境。加强互联网管理,正能量是总要求,管得住是硬道理,用得好是真本事。要严格依法管网治网,加强互联网领域立法执法,强化网络综合治理,加强网络社交平台、各类公众账号等管理,重视个人信息安全，建立完善新技术新应用道德评估制度，维护网络道德秩序。开展网络治理专项行动，加大对网上突出问题的整治力度，清理网络欺诈、造谣、诽谤、谩骂、歧视、色情、低俗等内容，反对网络暴力行为，依法惩治网络违法犯罪，促进网络空间日益清朗。

六、发挥制度保障作用

1. 强化法律法规保障。法律是成文的道德，道德是内心的法律。要发挥法治对道德建设的保障和促进作用，把道德导向贯穿法治建设全过程，立法、执法、司法、守法各环节都要体现社会主义道德要求。及时把实践中广泛认同、较为成熟、操作性强的道德要求转化为法律规范，推动社会诚信、见义勇为、志愿服务、勤劳节俭、孝老爱亲、保护生态等方面的立法工作。坚持严格执法，加大关系群众切身利益重点领域的执法力度，以法治的力量维护道德、凝聚人心。坚持公正司法，发挥司法裁判定分止争、惩恶扬善功能，定期发布道德领域典型指导性司法案例，让人们从中感受到公平正义。推进全民守法普法，加强社会主义法治文化建设，营造全社会讲法治、重道德的良好环境，引导人们增强法治意识、坚守道德底线。

2. 彰显公共政策价值导向。公共政策与人们生产生活和现实利益密切相关，直接影响着人们的价值取向和道德判断。各项公共政策制度从设计制定到实施执行，都要充分体现道德要求，符合人们道德期待，实现政策目标和道德导向有机统一。科学制定经济社会政策和改革举措，在涉及就业、就学、住房、医疗、收入分配、社会保障等重大民生问题上，妥善处理各方面利益关系，充分体现维护社会公平正义的要求。加强对公共政策的道德风险和道德效果评估，及时纠正与社会主义道德相背离的突出问题，促进公共政策与道德建设良性互动。

3. 发挥社会规范的引导约束作用。各类社会规范有效调节着人们在共同生产生活中的关系和行为。要按照社会主义核心价值观的基本要求，健全各行各业规章制度，修订完善市民公约、乡规民约、学生守则等行为准则，突出体现自身特点的道德规范，更好发挥规范、调节、评价人们言行举止的作用。要发挥各类群众性组织的自我教育、自我管理、自我服务功能，推动落实各项社会规范，共建共享与新时代相匹配的社会文明。

4. 深化道德领域突出问题治理。道德建设既要靠教育倡导，也要靠有效治理。要综合施策、标本兼治，运用经济、法律、技术、行政和社会管理、舆论监督等各种手段，有力惩治失德败德、突破道德底线的行为。要组织开展道德领域突出问题专项治理，不断净化社会文化环境。针对污蔑诋毁英雄、伤害民族感情的恶劣言行，特别是对于损害国家尊严、出卖国家利益的媚外分子，要依法依规严肃惩戒，发挥警示教育作用。针对食品药品安全、产品质量安全、生态环境、社会服务、公共秩序等领域群众反映强烈的突出问题，要逐一进行整治，让败德违法者受到惩治、付出代价。建立惩戒失德行为常态化机制，形成扶正祛邪、惩恶扬善的社会风气。

七、加强组织领导

加强新时代公民道德建设，是推进中国特色社会主义事业的一项基础性、战略性工程。要坚持和加强党的领导，增强“四个意识”，坚定“四个自信”，做到“两个维护”，确保公民道德建设的正确方向。各级党委和政府要担负起公民道德建设的领导责任，将其摆上重要议事日程，纳入全局工作谋划推进，有机融入经济社会发展各方面。纪检监察机关和组织、统战、政法、网信、经济、外交、教育、科技、卫生健康、交通运输、民政、文化和旅游、民族宗教、农业农村、自然资源、生态环境等党政部门，要紧密结合工作职能，积极履行公民道德建设责任。发挥基层党组织和党员在新时代公民道德建设中的战斗堡垒作用和先锋模范作用。工会、共青团、妇联等群团组织，各民主党派和工商联，要积极发挥自身优势，共同推动公民道德建设。

各级文明委和党委宣传部要切实履行指导、协调、组织职能，统筹力量、精心实施、加强督查，抓好工作任务落实。注重分析评估公民道德建设的进展和成效，及时总结推广成功经验和创新做法，加强道德领域重大理论和实践问题研究，推动形成公民道德建设蓬勃开展、深入发展的良好局面。

加强新时代公民道德建设
为实现中华民族
伟大复兴中国梦凝心铸魂

——中央宣传部负责人就《新时代公民道德建设实施纲要》答记者问*

近日，中共中央、国务院印发《新时代公民道德建设实施纲要》（以下简称《纲要》）。中央宣传部负责人就《纲要》有关问题，接受了记者采访。

问：请介绍一下出台《纲要》的背景意义。

答：党的十八大以来，以习近平同志为核心的党中央高度重视公民道德建设，立根塑魂、正本清源，作出一系列重要部署，推动思想道德建设取得显著成效。中国特色社会主义和中国梦深入人心，践行社会主义核心价值

* 摘自《人民日报》（2019 年 10 月 28 日第 4 版）。

观、传承中华优秀传统文化的自觉性不断提升，爱国主义、集体主义、社会主义思想广为弘扬，崇尚英雄、尊重模范、学习先进成为风尚，民族自信心、自豪感大大增强，人民思想觉悟、道德水准、文明素养不断提高，道德领域呈现积极健康向上的良好态势。

党中央2001年颁布《公民道德建设实施纲要》至今已有18年，我们面临的世情国情党情发生了很大变化，特别是中国特色社会主义已经进入新时代，对新时代公民道德建设提出了新的更高要求。此时出台《纲要》这样一个指导性文件，坚持以习近平新时代中国特色社会主义思想为指导，全面总结这些年的工作实践，客观看待成绩和经验，准确把握道德建设领域存在的不足和问题，科学分析新时代对公民道德建设提出的新要求，进一步明确新时代公民道德建设的任务要求，对于推动全民道德素质和社会文明程度达到一个新高度，决胜全面建成小康社会、开启全面建设社会主义现代化国家新征程，具有十分重要的意义。

问：请谈谈《纲要》的主要内容和特点。

答：《纲要》共有七个部分，主要包括新时代公民道德建设的总体要求、重点任务、深化道德教育引导、推动道德实践养成、抓好网络空间道德建设、发挥制度保障作用和加强组织领导等内容。

《纲要》具有三个主要特点：一是体现时代特征。《纲要》深入贯彻习近平新时代中国特色社会主义思想和党的十九大精神，在充分体现习近平总书记关于公民道德建设重要论述的基础上，进一步梳理总书记的新思想、新观点、新要求，把涉及有关方面的重要内容和抓落实的内容更加鲜明地体现出来，使新时代特征贯穿《纲要》始终。二是尊重群众实践。《纲要》总结了 2001 年党中央颁布《公民道德建设实施纲要》以来，各地在公民道德建设中的新鲜创造和典型经验，形成了对新时代公民道德建设工作规律的深刻认识和科学把握，突出群众性、实践性、可操作性，设计群众便于参与、乐于参与的渠道载体，为深入开展基层道德建设提供根本遵循。三是坚持守正创新。《纲要》既继承了 2001 年《公民道德建设实施纲要》的主要内容和载体途径，又立足新时代新形势新任务要求，突出问题导向，着重体现习近平总书记对党员领导干部、青少年和社会公众人物等重要群体和重点领域道德建设的重要论述和具体要求，重点强化了法治保障、网络空间、生态文明、对外交往等方面的内容，既遵循了道德建设规律，又进行了创新创造，增强了道德建设的吸引力感染力。

问：推进新时代公民道德建设，需要着重在哪些方面下功夫？

答：推进新时代公民道德建设，需要我们深入学习领会习近平总书记关于道德建设的重要论述，切实增强公民道德建设的责任感使命感，着重在以下方面狠下功夫。一是聚力培养担当民族复兴大任的时代新人。习近平总书记强调，担当民族复兴大任的时代新人，必须是在思想水平、政治觉悟、道德品质、文化素养、精神状态等方面同新时代要求相符合的。这是公民道德建设的出发点和落脚点，一切工作都要聚焦这个目标，须臾不能偏离。要不断深化对时代新人丰富内涵、时代特质、根本要求的认识和理解，更好地推进公民道德建设，担负起培养时代新人的重要职责。二是坚持以社会主义核心价值观为引领。社会主义核心价值观是当代中国在价值观念上的最大公约数，其实就是一种德，既是个人的德，也是国家的德、社会的德。要将国家价值目标、社会价值准则和公民价值规范，有机融入公民道德建设各方面、全过程，更好发挥出引领作用。三是大力夯实基层基础。公民道德建设对象在基层、主体在基层,必须瞄准基层需求,创新基层工作,推动公民道德建设提质量、上水平,扎实推进新时代文明实践中心和县级融媒体中心建设,夯实基层阵地,讲好美德故事,特别注重加强网络道德建设,推动网络成为正能量的集散地。四是强化道德建设的法治保障。法律是成文的道德,道德是内心的法律,道德建设离不开法治保障。要推动《社会主义核心价值观融入法治建设立法修法规划》的贯彻落实,建立社会主义核心价值观入法入规协调机制。要把社会主义道德要求融入社会治理,探索建立重大公共政策道德风险评估机制,健全各行各业规章制度,完善市民公约、村规民约、学生守则、团体章程等。要加强道德领域突出问题专项治理,不断净化社会文化环境。

问:在抓好网络空间道德建设方面,《纲要》有哪些具体规定?

答:在抓好网络空间道德建设方面,《纲要》强调,一要加强网络内容建设。深入实施网络内容建设工程,发展积极向上的网络文化,让正确道德取向成为网络空间的主流。二要培养文明自律网络行为。建立和完善网络行为规范,培育符合互联网发展规律、体现社会主义精神文明建设要求的网络伦理、网络道德，倡导文明办网、文明上网，推进网民网络素养教育，引导广大网民尊德守法、文明互动、理性表达，自觉维护良好网络秩序。三要丰富网上道德实践。积极培育和引导互联网公益力量，加强网络公益宣传，拓展“互联网+公益”“互联网+慈善”模式，广泛开展形式多样的网络公益、网络慈善活动。四要营造良好网络道德环境。严格依法管网治网，强化网络综合治理，建立完善新技术新应用道德评估制度，维护网络道德秩序；开展网络治理专项行动，加大对网上突出问题的整治力度，反对网络暴力行为，依法惩治网络违法犯罪，促进网络空间日益清朗。

问：在深化道德领域突出问题治理方面，有哪些部署？

答：道德建设既要靠教育倡导，也要靠有效治理。《纲要》强调，要综合施策、标本兼治，运用经济、法律、技术、行政和社会管理、舆论监督等各种手段，有力惩治失德败德、突破道德底线的行为。要组织开展道德领域突出问题专项治理，不断净化社会文化环境。针对污蔑诋毁英雄、伤害民族感情的恶劣言行，特别是对于损害国家尊严、出卖国家利益的媚外分子，要依法依规严肃惩戒，发挥警示教育作用。针对食品药品安全、产品质量安全、生态环境、社会服务、公共秩序等领域群众反映强烈的突出问题，要逐一进行整治，让败德违法者受到惩治、付出代价。建立惩戒失德行为常态化机制，形成扶正祛邪、惩恶扬善的社会风气。